ÀNGELS NAVARRO

¿LISTOS PARA APRENDER?

La neuroeducación en juego

ILUSTRACIONES DE
MARÍA REYES GUIJARRO

COMBEL

Padres educadores

El desarrollo de la inteligencia es una tarea permanente e indiscutible de la educación, y la primera infancia, el momento más plástico para hacerlo. El despertar intelectual de los niños y niñas surge durante las actividades cotidianas; la familia y el mundo que los rodea están llenos de oportunidades de aprendizaje y de socialización que ayudan a aprender, a conformar la inteligencia, a desarrollar la personalidad y a crecer.

Objetivos de los cuadernos

La inteligencia es la herramienta que nos abre las puertas del mundo y, como tal, se puede y se tiene que enseñar a utilizarla. Nadie nace más o menos listo; la inteligencia no constituye una herencia que no se puede modificar y sin posibilidades de evolución. No es fija, ni única; es un proceso dinámico que se puede aprender y desarrollar desde el nacimiento hasta que morimos.

Los principales objetivos de este cuaderno van en este sentido:

- Ejercitar las habilidades y desarrollar las aptitudes que componen la inteligencia y que son la base de cualquier aprendizaje.
- Enseñar a pensar de manera eficaz, mejorando las estrategias y aumentando la eficacia del pensamiento.
- Ofrecer actividades que inciden o incidirán en las competencias básicas curriculares.
- Crear la capacidad de gestionar el aprendizaje de los niños y niñas, aprender a aprender.

Cómo funcionan los cuadernos

Los cuatro cuadernos de *¿Listos para aprender?* se dirigen a niños y niñas de 4 a 7 años. Las actividades que encontraréis están distribuidas en ocho habilidades que los psicólogos coinciden al seleccionar como indicadores de la inteligencia. Cada actividad está precedida por símbolos que indican la habilidad que desarrolla.

ATENCIÓN RAZONAMIENTO CONOCIMIENTO DEL ESPACIO LENGUAJE MEMORIA LÓGICA NUMÉRICA GRAFOMOTRICIDAD CREATIVIDAD

Los enunciados son cortos y claros, y aun así los más pequeños requerirán de vuestra ayuda para entender bien la actividad. Al final de los cuadernos encontraréis las soluciones de todas las actividades, que podréis o podrán consultar cuando sea necesario.

9 claves para un buen uso de *¿Listos para aprender?*

CLAVE 1   Es imprescindible crear unas condiciones ambientales idóneas. El espacio que establecéis para realizar las actividades tiene que estar en orden, sin juguetes ni otras cosas. El caos desequilibra y el orden resulta tranquilizador.

CLAVE 2   Es importante que haya unas condiciones temporales adecuadas. Hay que buscar el momento oportuno y de forma anticipada para no tener que correr. El adulto siempre debe estar presente mientras los niños y niñas hacen las actividades. Cada uno tiene su ritmo y hay que respetarlo. Dejadles tiempo para pensar. Lo importante no es hacerlo rápido, sino hacerlo bien.

CLAVE 3   Las condiciones psicológicas deben ser favorables. Nos interesa que los niños y niñas hagan las actividades relajados y entusiasmados. Podéis iniciar las actividades diciendo: *¡Vamos a hacer juegos de pensar!* Si creéis que están muy excitados, podéis comenzar primero con un juego motriz como correr o saltar. Si aun así veis que no se concentran, no los obliguéis: *Ya veo que hoy no es un buen día para los juegos de pensar, dejémoslo para otro momento.*

CLAVE 4   Leed vosotros los enunciados en voz alta. El primer paso para aprender es entender. Dejad que elijan las actividades que más les gusten, no es necesario seguir el orden del cuaderno. Esto puede motivarlos y puede hacerles ver que respetáis sus intereses.

CLAVE 5   Valorad el esfuerzo y celebrad los aciertos, pero nunca recriminéis las equivocaciones. Los errores forman parte del aprendizaje. Pensad que es más importante la manera como se llega a la solución que la propia solución.

CLAVE 6   Si no dan con el resultado a la primera, no dudéis en ayudarlos. El trabajo difícil y complejo los ayudará a creer en sus posibilidades. Procurad inculcarles una actitud positiva y encarad las dificultades como una oportunidad para crecer.

CLAVE 7   Evitad las críticas y las comparaciones. Hay muchos tipos de inteligencia; unos niños resolverán mejor un tipo de actividad y otros, otro tipo. Demostrad que confiáis en que serán capaces de resolverlas. La confianza les dará seguridad y los hará fuertes.

CLAVE 8   Tomad parte activa en la resolución de la actividad. Preguntadles sobre lo que están haciendo para ayudarlos a razonar. Si veis que se equivocan, aceptad sus decisiones y después corregid el error juntos.

CLAVE 9   Animadlos a explicar todo lo que han aprendido después de cada actividad. Así estimularéis la capacidad de análisis.

Mi casa

Mi casa está cerca de un parque, tiene chimenea y tres ventanas. Mi gato siempre mira a la calle por una de ellas. ¿Sabes qué casa es?

El ascensor de Mónica

El ascensor de este edificio ha perdido todos los números. Une, con una línea, cada número con el piso correspondiente. Después, unta el dedo índice con pintura y decora el árbol con tus huellas.

Cada cosa en su sitio

¿Quieres ayudar a Paula con la mudanza?
Coloca los objetos o bien dentro de la casa o bien fuera.

DENTRO

FUERA

La cocina

¿Qué cosas han cambiado entre estas dos cocinas? Señálalas.

Utensilios de cocina

¿Cuáles de estos objetos se usan en la cocina?
Repásalos con el color de los puntitos.
Rodea los que no se usan para cocinar.

Dulce y salado

Rodea con color rojo los alimentos salados y con color verde los dulces.

Para Max y Elsa

Reparte estas piezas de fruta entre el plato de Max y el de Elsa. ¡Los dos quieren comer lo mismo!

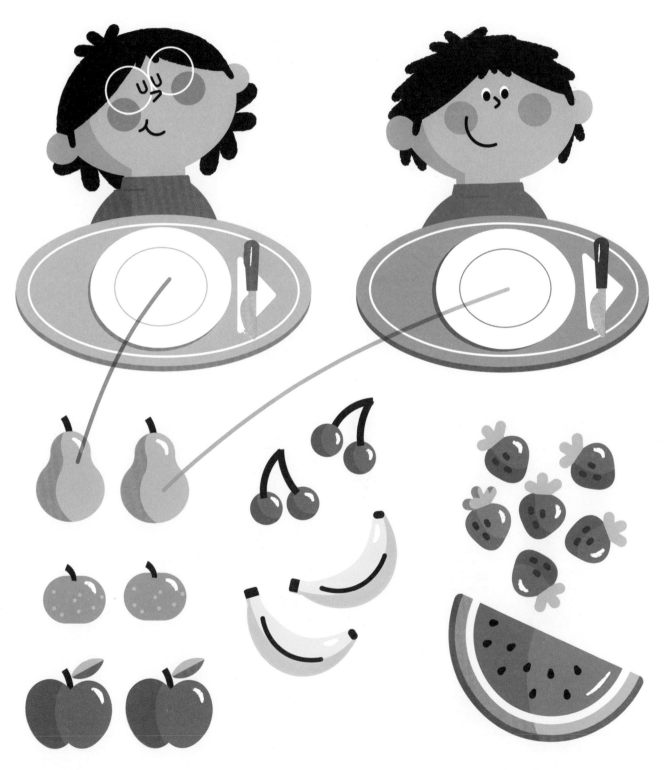

Los pastelillos

Encuentra, entre todos estos pastelillos, el que es único.
¿Te gustaría comértelo?

Objetos rotos

¿Qué les falta a estos objetos? Búscalo en la columna de la derecha y relaciona.

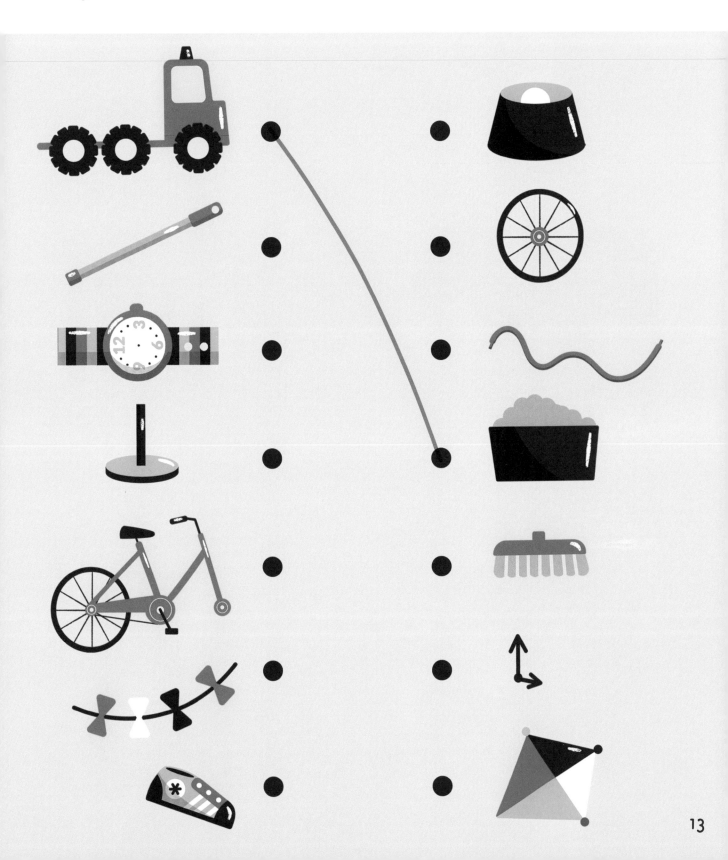

Mi perro

Rodea las letras que forman la palabra PERRO.

Mi gato

Rodea las letras que forman la palabra GATO.

Los amigos de mi gato

Relaciona los gatos que estén en la misma posición y dirección.

Dibujos y palabras

Algunos de estos dibujos están unidos a un nombre equivocado.
¿Sabes cuáles son? Rodéalos.

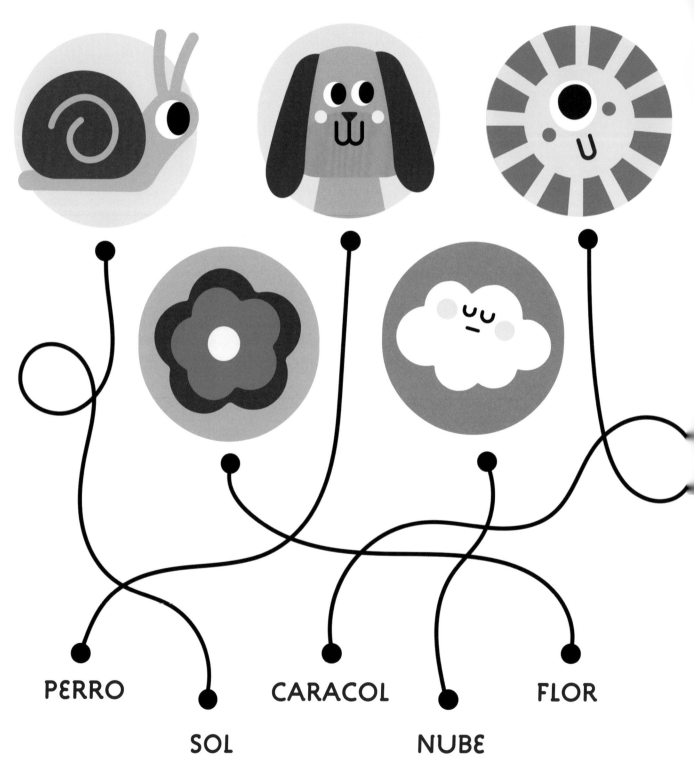

PERRO

SOL

CARACOL

NUBE

FLOR

Mi hámster

Mi hámster no es gris, tiene más de dos colores y tiene manchas.
¿Me ayudas a encontrarlo?

El pez contento

Qué contento está este pez. ¿Dónde tendría la cola y la cabeza si girara un poco más? ¿Sería como el pez A, el B o el C?

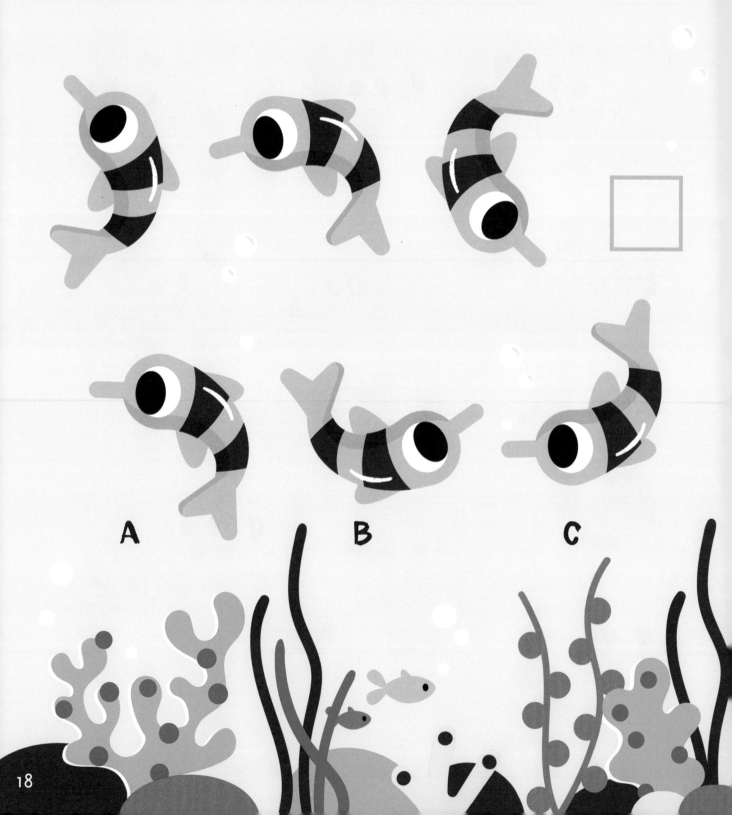

A   B   C

De paseo

Une los peces con sus sombras. Pero, ojo, ¡van en dirección contraria!

19

Bichos

Ahora puedes aprender a dibujar bichos. Unta el dedo índice con pintura y haz que la huella encaje encima de las manchas y los dibujos negros. Fíjate en los modelos de bichos. ¡Utiliza varios colores y quedarán más bonitos!

Volviendo a casa

¡Qué camino tan largo tiene que hacer el flamenco para llegar a su ciénaga! Repásalo.

El escondite de los animales

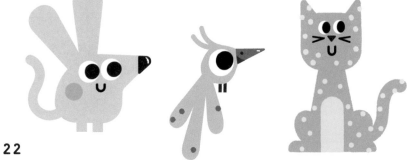

¿Dónde se esconden
todos estos animales?
¿Están todos?

¡Qué serpientes más presumidas!

Decora estas serpientes como más te guste.

Buscando las vocales

Rodea todas las vocales que encuentres.

El camino más corto

¿Cuál es el camino más corto para llegar a la escuela?
¿Y el más largo? Pinta cada uno de un color distinto.

ESCUELA

Grandes vehículos

Une cada vehículo con su sombra.

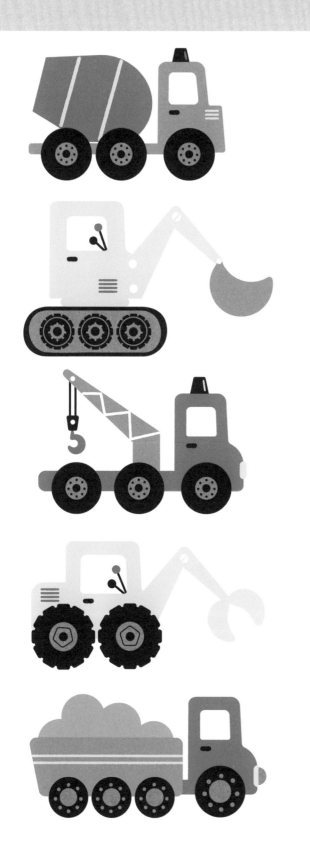

La gran caravana

Pinta los coches siguiendo la serie de color.

Aviones

Repasa con el color que quieras la estela de estos aviones.

El avión

Si fuera a viajar por el cielo, este sería mi avión.
¿Quiénes viajarían conmigo? Dibújalos.

Mientras buceo

¿Qué camino lleva al submarino? ¿El A o el B?

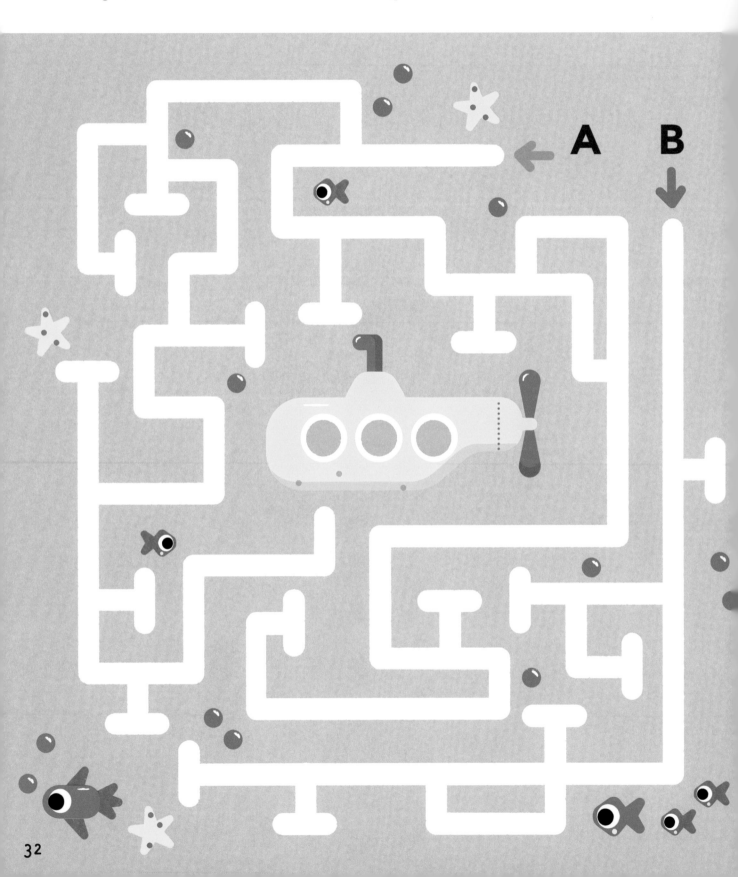

El fondo marino

¿Cuántos peces hay de cada tipo?

Igual que el mío

¿Cuántos balones hay como el mío?
Rodea el número con un círculo.

3 4 5

Juego de construcciones

Busca todas las construcciones que sean como las que hay dibujadas dentro del cuadro. Rodéalas.

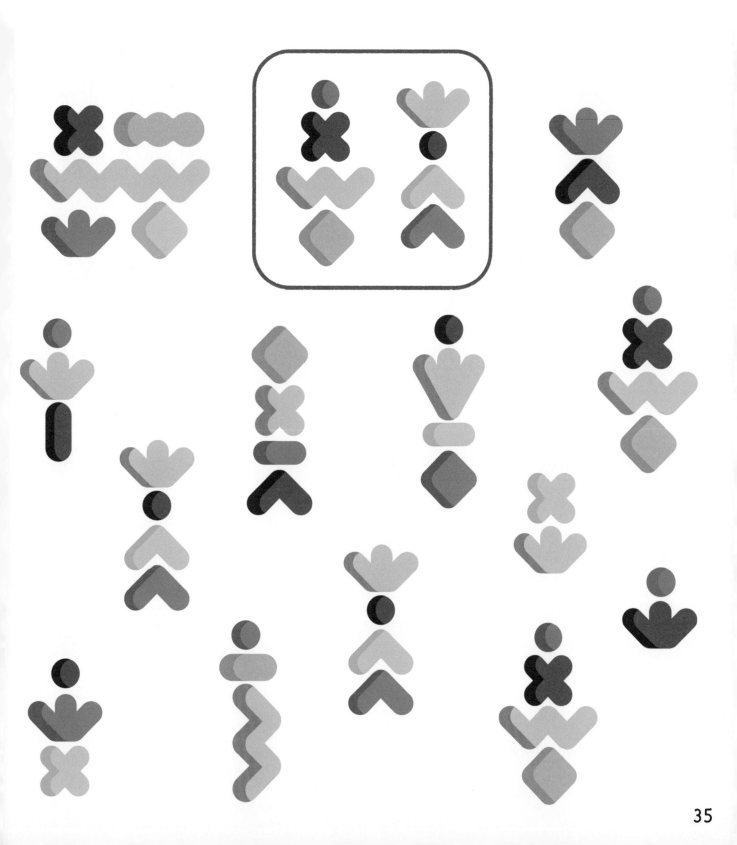

35

El tren de Leo

¿Cuántos vagones tiene el tren de Leo? Escribe los números.

LÓGICA NUMÉRICA

Los juegos iguales

Empareja los que tienen las mismas piezas.

ATENCIÓN

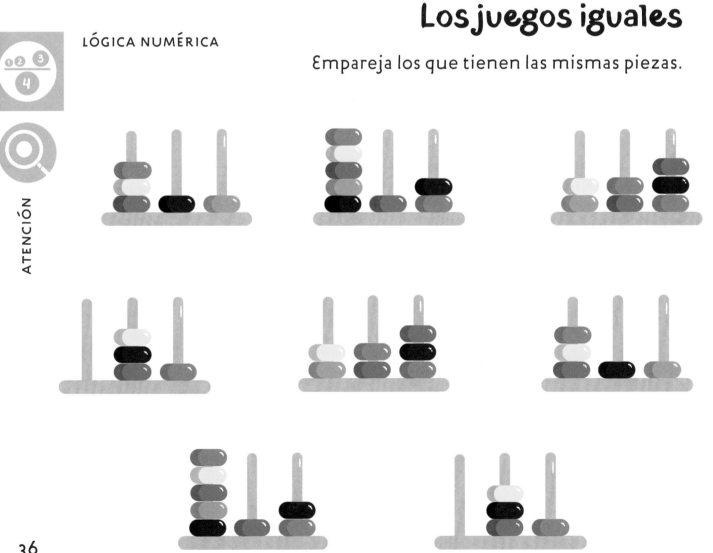

36

Mi habitación

Relaciona los huecos con las dos partes que faltan.

La caja de los juguetes

Hoy Pedro ha guardado sus juguetes, pero de manera diferente que ayer. ¿Puedes encontrar las diferencias?

¡Cuántos juguetes!

¿Cuántos juguetes hay de cada tipo? Relaciona.

Colores

Busca todos los juguetes del mismo color que las pinceladas.
Rodéalos con el color correspondiente.

Figuras geométricas

Relaciona las dos partes para construir: un cuadrado, un círculo, un rectángulo y un triángulo.

41

SOLUCIONES

Mi casa

Mi casa está cerca de un parque, tiene chimenea y tres ventanas.
Mi gato siempre mira a la calle por una de ellas. ¿Sabes cuál es?

4

El ascensor de Mónica

El ascensor de este edificio ha perdido todos los números. Une, con una
línea, cada número con el piso correspondiente. Después, unta el dedo
índice con pintura y decora el árbol con tus huellas.

4 6 5 3 1 2

5

Cada cosa en su sitio

¿Quieres ayudar a Paula con la mudanza?
Coloca los objetos o bien dentro de la casa o bien fuera.

FUERA

DENTRO

6

7

La cocina

¿Qué cosas han cambiado entre estas dos cocinas? Señálalas.

8

Utensilios de cocina

¿Cuáles de estos objetos se usan en la cocina?
Repásalos con el color de los puntitos.
Rodea los que no se usan para cocinar.

9

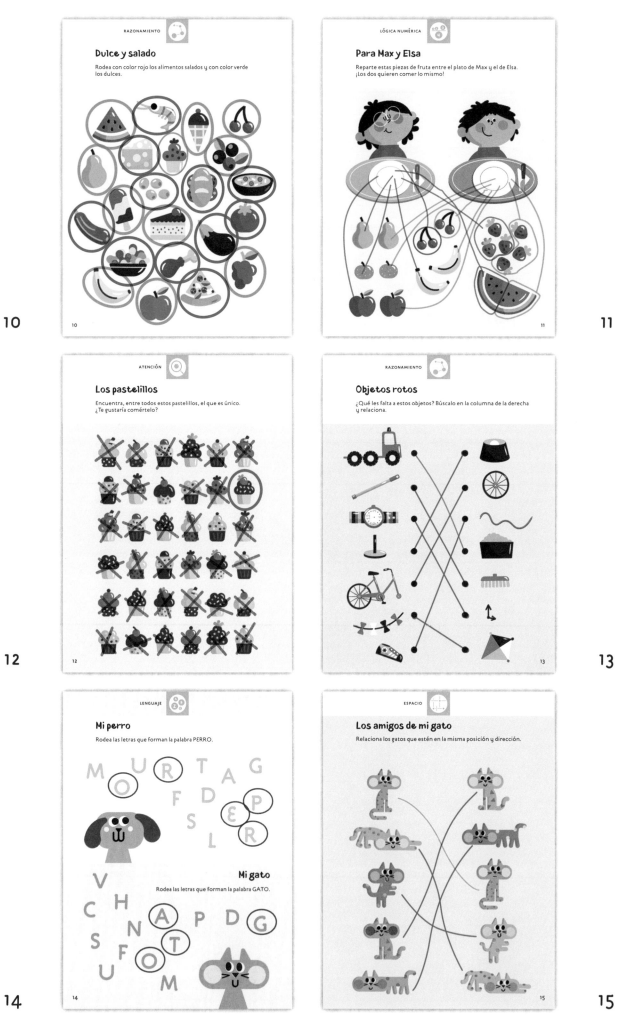

10

Dulce y salado

Rodea con color rojo los alimentos salados y con color verde los dulces.

10

11

Para Max y Elsa

Reparte estas piezas de fruta entre el plato de Max y el de Elsa. ¡Los dos quieren comer lo mismo!

11

12

Los pastelillos

Encuentra, entre todos estos pastelillos, el que es único. ¿Te gustaría comértelo?

12

13

Objetos rotos

¿Qué les falta a estos objetos? Búscalo en la columna de la derecha y relaciona.

13

14

Mi perro

Rodea las letras que forman la palabra PERRO.

M U R T A G
O F D E P
S L E R
V
C H N A P D G
S U F O T M

Mi gato

Rodea las letras que forman la palabra GATO.

14

15

Los amigos de mi gato

Relaciona los gatos que estén en la misma posición y dirección.

15

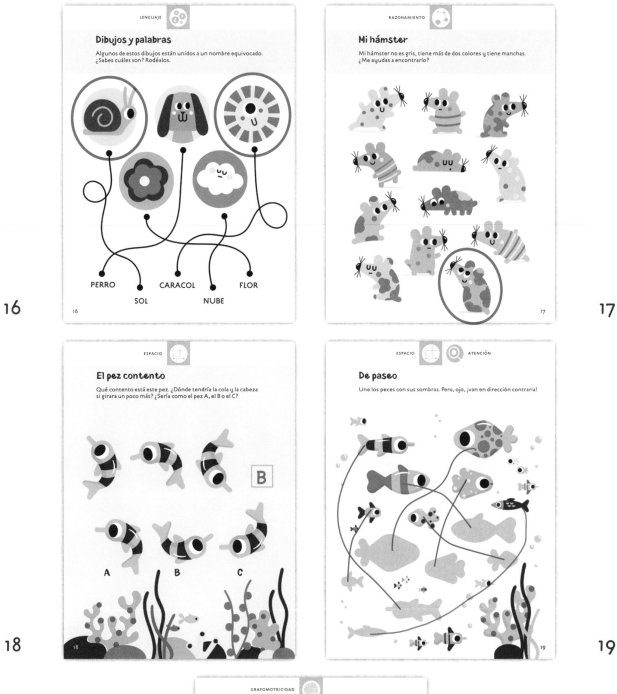

LENGUAJE

Dibujos y palabras

Algunos de estos dibujos están unidos a un nombre equivocado.
¿Sabes cuáles son? Rodéalos.

PERRO CARACOL FLOR
SOL NUBE

RAZONAMIENTO

Mi hámster

Mi hámster no es gris, tiene más de dos colores y tiene manchas.
¿Me ayudas a encontrarlo?

ESPACIO

El pez contento

Qué contento está este pez. ¿Dónde tendría la cola y la cabeza
si girara un poco más? ¿Sería como el pez A, el B o el C?

B

A B C

ESPACIO ATENCIÓN

De paseo

Une los peces con sus sombras. Pero, ojo, ¡van en dirección contraria!

GRAFOMOTRICIDAD

Volviendo a casa

¡Qué camino tan largo tiene que hacer el flamenco para llegar a su
ciénaga! Repásalo.

El escondite de los animales

ATENCIÓN

¿Dónde se esconden
todos estos animales?
¿Están todos?

Buscando las vocales

LENGUAJE

Rodea todas las vocales que encuentres.

El camino más corto

ESPACIO

¿Cuál es el camino más corto para llegar a la escuela?
¿Y el más largo? Pinta cada uno de un color distinto.

ESCUELA

Grandes vehículos

ATENCIÓN

Une cada vehículo con su sombra.

La gran caravana

RAZONAMIENTO   GRAFOMOTRICIDAD

Pinta los coches siguiendo la serie de color.

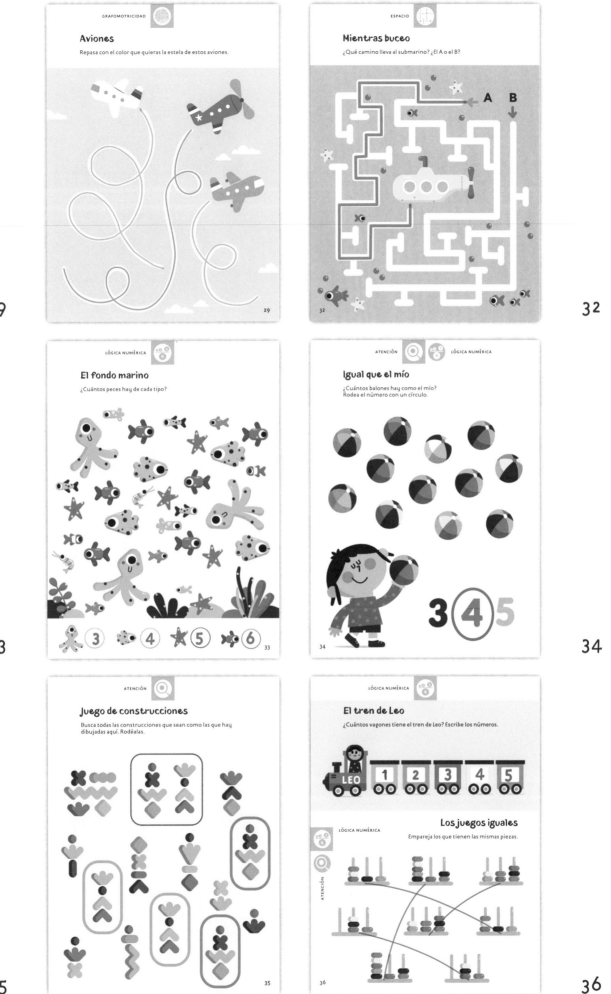

Aviones

Repasa con el color que quieras la estela de estos aviones.

29

Mientras buceo

¿Qué camino lleva al submarino? ¿El A o el B?

A   B

32

LÓGICA NUMÉRICA

El fondo marino

¿Cuántos peces hay de cada tipo?

3   4   5   6

33

ATENCIÓN   LÓGICA NUMÉRICA

Igual que el mío

¿Cuántos balones hay como el mío?
Rodea el número con un círculo.

3 (4) 5

34

ATENCIÓN

Juego de construcciones

Busca todas las construcciones que sean como las que hay
dibujadas aquí. Rodéalas.

35

LÓGICA NUMÉRICA

El tren de Leo

¿Cuántos vagones tiene el tren de Leo? Escribe los números.

LEO   1   2   3   4   5

LÓGICA NUMÉRICA

Los juegos iguales

Empareja los que tienen las mismas piezas.

ATENCIÓN

36

Mi habitación

ESPACIO

Completa el dibujo con las dos partes que faltan.

37

La caja de los juguetes

ATENCIÓN

Hoy Pedro ha guardado sus juguetes, pero de manera diferente que ayer. ¿Puedes encontrar las diferencias?

38

¡Cuántos juguetes!

LÓGICA NUMÉRICA

¿Cuántos juguetes hay de cada tipo? Relaciona.

4 3 5 7

39

Colores

RAZONAMIENTO   ATENCIÓN

Busca todos los juguetes del mismo color que las pinceladas. Rodéalos con el color correspondiente.

40

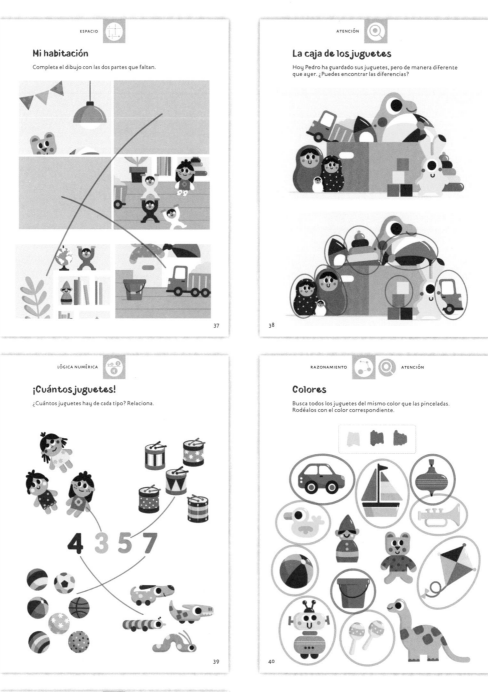

Figuras geométricas

LÓGICA NUMÉRICA

Relaciona las dos partes para construir: un cuadrado, un círculo, un rectángulo y un triángulo.

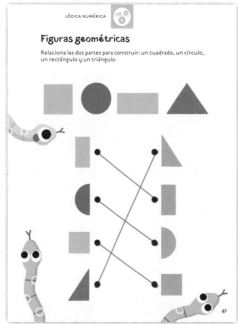

41

Las páginas 20, 24 y 30-31 no tienen solución, ya que se trata de actividades de creatividad.